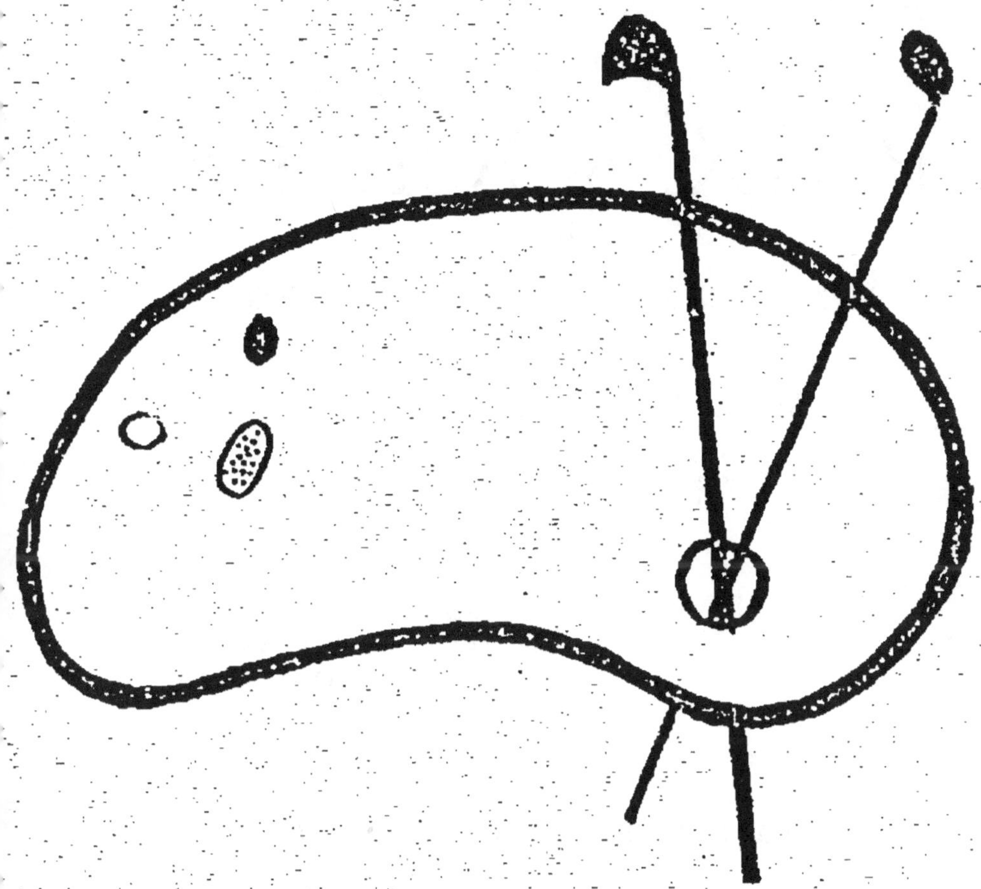

LE SECRET
DE LA
PAIX SOCIALE

ÉTUDE DÉDIÉE A M. LE COMTE ALBERT DE MUN

PAR

M. L'ABBÉ A.-M. ORRY

DOCTEUR EN THÉOLOGIE ET EN DROIT CANONIQUE
DES UNIVERSITÉS DE ROME ET DE FRANCE
CHAPELAIN DE LA PRIMATIALE DE BORDEAUX
AUMONIER ET DIRECTEUR DU CERCLE CATHOLIQUE D'OUVRIERS
DE SAINT-SEURIN DE BORDEAUX

Vincit concordia fratrum.
Rien de fort comme des frères unis.
(Devise des anciens corps de métiers de Paris.)

VENDU AU PROFIT DES SYNDICATS PROFESSIONNELS

LIBRAIRIES INTERNATIONALES DE L'ŒUVRE DE SAINT-PAUL

PARIS
6, RUE CASSETTE, 6

FRIBOURG (SUISSE)
13, GRAND'RUE, 13

1887

BORDEAUX. — IMPRIMERIE OLIVIER-LOUIS FAVRAUD
91, RUE PORTE-DIJEAUX, 91.

LE SECRET

DE

LA PAIX SOCIALE

DE LA BONTÉ EN GÉNÉRAL

> « Aimez Dieu par dessus tout; aimez le prochain comme vous-même : c'est toute la loi et les prophètes. »

La Faiblesse de l'homme, sa misérable condition d'être à la merci des accidents extérieurs de ce monde, a été toujours un sujet favori de déclamation pour les moralistes.

Sans doute, l'homme est très faible. Il

ne peut rester que passif dans un orage, et s'enfuir dans un tremblement de terre. Il n'a pas beau jeu à manier son vaisseau dans la tourmente, ni à se défendre de la peste qui désole sa maison : le chaud et le froid, la sécheresse et la pluie sont maîtres de lui.

Tout cela est très réel ; mais, au demeurant, l'homme a une puissance considérable. Il a surtout un pouvoir auquel on ne fait pas assez attention.

Il a surtout le pouvoir de répandre le Bien dans le monde, ou, du moins, de diminuer assez la masse de souffrances, pour le rendre tout différent de ce qu'il est.

Ce pouvoir s'appelle la Bonté.

P. FABER.

La Bonté est un penchant naturel à prévenir ou à calmer la souffrance. C'est la plus féconde des qualités du cœur.

DE LATENA.

La plus belle de toutes les qualités, si elle n'est pas le résultat de toutes les vertus, c'est la Bonté.

BERNARDIN DE SAINT-PIERRE.

Si on pouvait arracher entièrement du cœur de l'homme ces sentiments de Bienveillance, de Charité, d'Humanité, d'Indulgence, qui constituent la Bonté, on ferait de lui un monstre aussi funeste à lui-même qu'à ses semblables.

Si, dans un cataclysme moral soudain, la Bonté pouvait diparaître de la terre, ce ne serait pas un moindre malheur pour l'universalité de ses habitants que si le soleil, qui vivifie tout dans l'ordre matériel, s'éteignait subitement.

STAHL.

La Bonté est la vertu primitive : elle semble un don du Ciel ; et comme elle seule est véritablement nécessaire au bonheur général, elle seule est gravée dans le cœur.

STAEL.

Offrez en hommage à Dieu la Bonté ; c'est de tous les dons le plus cher à ses yeux, et celui qui obtient le plus de retour.

SAINT GRÉGOIRE DE NAZIANZE.

Toutes les véritables vertus dérivent de la Bonté; et si l'on voulait faire un jour l'arbre de la Morale comme il en existe un des Sciences, c'est à ce devoir, à ce sentiment, dans son acception la plus étendue, que remonterait tout ce qui inspire de l'admiration et de l'estime.

STAEL.

Il n'y a point de société qui puisse subsister dans le monde sans Bonté.

ADDISSON.

« La guerre, dit M. de Moltke, fait partie de l'ordre de choses établi par Dieu ; sans elle, le monde tomberait en pourriture et se perdrait dans le matérialisme. »

Oui, répond la Sagesse, parce qu'il manque à ce monde une dose assez grande de ce sel conservateur qu'on appelle la Bonté.

Soyez bons et aimez ; il n'y a de vraie joie que dans les émotions du cœur : la sensibilité est tout l'homme.

TAINE.

Parmi les vertus éminentes que la raison désigne et invoque pour établir et maintenir l'harmonie dans la société, la première qui se présente à la pensée, celle qui les domine toutes et leur donne le perfectionnement qu'elles doivent recevoir pour devenir efficaces dans leurs effets, est incontestablement la Bonté.

X...

Sans la Bonté, il est impossible d'obtenir l'amour.

Soyez donc bons : vos yeux, vos lèvres, les plis de votre front, tout prendra un nouvel aspect, et aussi peu l'on était attiré vers vous, autant l'on s'en approchera volontiers.

LACORDAIRE.

L'homme bon est aussi puissant que Dieu.

SÉNÈQUE.

Un grand cœur dans une petite maison, est ce qui m'a toujours touché davantage.

LACORDAIRE.

Il n'est ni commerce ni société dans le monde qui puissent subsister longtemps sans le concours de la Bonté.

Cela est si vrai que, pour la remplacer au besoin, les hommes ont imaginé de créer une espèce de bonté qui a un faux air de la véritable, et qu'ils ont nommée Politesse.

DE MERY.

La santé physique est indispensable au développement des corps et à leur conservation. Eh bien, la Bonté, qui est la santé morale des âmes, est indispensable à la vie de tous et de chacun. C'est le lien qui réunit les sociétés et qui les défend victorieusement contre tous les germes de dissolution qu'elles semblent contenir.

STAHL.

Aimons-nous les uns les autres..... A cause du prochain? Il est si peu aimable! A cause de nous? Nous sommes si peu aimants! A cause de Dieu, seul aimable, seul aimant.

J. Roux.

L'Évangile est par excellence le livre et le code de la Bonté.

Le Christ a apporté aux hommes un commandement nouveau, celui de la Bonté.

Si tous les hommes s'aimaient comme des frères; si chacun était bon pour tous et tous pour chacun, ce serait le paradis sur la terre.

A. Meuley.

La Bonté: n'est-ce pas sous ce caractère que s'est montré le Sauveur aux yeux des peuples?

Sa Bénignité nous est apparue.

Créé à l'image de Dieu, l'homme reçoit une participation de ses attributs divins.

Mermillod.

On ne peut voir la Bonté sans l'aimer, et l'on ne peut l'aimer sans être heureux.

FÉNELON.

Être bon pour être heureux, voilà toute la morale (1).

MARMONTEL.

S'il y avait plus de mal que de bien sur la terre, plus de méchants que de bons, on peut dire que le monde toucherait à sa fin.

STAHL.

Lorsque Dieu forma les entrailles et le cœur de l'homme, il y mit premièrement la Bonté, comme le propre caractère de la nature divine, et pour être comme la marque de cette main bienfaisante dont nous sortons.

La Bonté devait donc faire comme le fond de notre cœur et devait être en même

(1) Morale humaine, bien entendu, car au point de vue chrétien, c'est la bonté *pour l'amour de Dieu* qu'il nous faut ambitionner.

temps le premier attrait que nous aurions en nous-mêmes pour gagner les autres hommes.

BOSSUET.

Considérée sous son vrai point de vue, la Bonté est la grande cause de Dieu dans le monde.

Qu'est-ce que notre vie, sinon une mission d'aller partout où elle peut atteindre, pour reconquérir le domaine de ce malheureux monde à la béatitude divine. Ce doit être un sacrifice de nous-mêmes au bonheur de la vie divine par le merveilleux apostolat de la Bonté.

P. FABER.

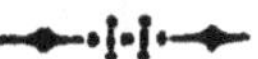

Si haut qu'il soit, saint François d'Assise ne perd jamais la terre de vue, cette humanité souffrante que Jésus consolait, la foule des petits et des simples dont le sermon de la montagne enchantait les misères. Il soigne de ses mains les lépreux avec la douceur d'une sœur de charité, purifiant les plaies de l'âme en même temps que celles du corps.

GEBHART.

Que Dieu doit être bon, disait saint François de Sales, en admirant la bonté de saint Vincent de Paul !

Que de multitudes de saints nous arracheraient le même cri d'admiration si nous voulions étudier leur vie héroïque !

INDULGENCE

> L'Indulgence est l'effet de la miséricorde (*miserum cor*). Celle-ci est une tristesse causée par le malheur d'autrui.
>
> Ainsi parlent Aristote, saint Augustin et saint J. Damascène.

L'Indulgence est une justice bienveillante qui, tout en condamnant l'infraction à la Règle, tient compte de la Faiblesse du coupable et des circonstances de la Faute.

De Latena.

Faute d'attention, on marche sur le pied de bien des gens ; souvent aussi et par la même raison, on marche sur le cœur. Que de froissements, que de blessures on pourrait éviter si l'on avait seulement quelque souci de ménager chez les autres de légitimes susceptibilités.

Rozan.

L'Indulgence est la vertu pratique par excellence : c'est sur elle que reposent les relations Bienveillantes de la société, la paix de l'intérieur et l'union générale.

X.

L'Homme le meilleur et le plus parfait, c'est celui qui pardonne aux autres comme s'il commettait continuellement des fautes, et qui les évite comme s'il ne pardonnait à personne.

PLINE LE JEUNE.

Il y a plus de délicatesse à nous épargner une peine qu'à nous procurer un plaisir.

Être sévère pour soi, indulgent pour les autres, c'est être sage et se faire aimer.

DE LATENA.

Beaucoup de gens font commodément consister la Vertu à être sévère pour les autres.

A. KARR.

Pardonnez souvent aux autres et jamais à vous-même.

SYRUS.

Il faut être indulgent quand soi-même on a besoin d'indulgence.

SENÈQUE.

Les seuls défauts que nous pardonnons volontiers à notre prochain, sont ceux que nous pratiquons nous-même.

ROZAN.

Une belle âme est toujours plus indulgente pour les autres que pour elle-même; elle ne sait ce que c'est de s'ériger en juge, et de faire le procès aux actions de personne.

L'accord et la bonne harmonie règnent toujours là où les cœurs sont indulgents.

ROZAN.

Pour être indulgent, il suffit d'avoir une goutte de Pitié dans le cœur.

SWETCHINE.

L'Indulgence prend bien tout ce qu'elle voit, tout ce qu'elle entend; toute action mauvaise en soi, elle la condamne, mais elle ne la relève pas; elle donne un tour favorable à celle qui est équivoque, et elle justifie tout ce qui peut être justifié.

X.

Puisque nos malheurs sont toujours plus grands que nos vices, nos vertus toujours moindres que nos désirs, rien ne peut mieux nous convenir que le tempérament de l'Indulgence.

VAUVENARGUES.

L'Indulgence, c'est-à-dire la disposition à supporter les défauts des hommes et à excuser leurs fautes, est un des caractères les plus aimables d'une vertu éclairée.

En général, plus on est sévère pour soi-même, plus on est indulgent pour autrui.

X.

L'Indulgence pour autrui est souvent un pardon pour soi-même.

DE LATENA.

Soyons indulgents aux fautes d'autrui, parce que le pardon est plus salutaire aux coupables que le châtiment.

XENOPHON.

On ne peut être Bon sans être indulgent. L'Indulgence rend seule la justice aimable et la vraie Bonté est la grâce de la Vertu.

DE SÉGUR.

Si tu veux qu'on t'épargne, épargne aussi les autres.

LAFONTAINE.

Socrate, le plus sage des païens, était aussi le plus patient. Un jour, son épouse, dont la mauvaise humeur était proverbiale, se mit à l'invectiver avec violence, et, lassée de sa patience, elle finit par lui jeter un vase d'eau sur la tête. Socrate, sans s'émouvoir, dit à ceux qui l'entouraient :

« Que voulez-vous, ne fallait-il pas s'attendre à voir la pluie tomber après les éclats du tonnerre? »

Le maire d'une petite ville de France, chargé de haranguer le roi Louis XIV, en lui présentant les clefs, lui dit: « Sire, la joie que nous avons en voyant votre Majesté est si grande que..... »

Il fut alors si interdit, qu'il rappela en vain sa mémoire; il répétait en bégayant les dernières paroles qu'il venait de prononcer. « Oui, lui dit le prince d'un ton de Bonté, la joie que vous avez est si grande que vous ne pouvez l'exprimer. »

POLITESSE

> La Politesse, vertu éminemment française.
>
> FLOQUET.

La Politesse est appelée par les Latins Urbanité, un mot qui est synonyme de civilisation.

Saluez qui vous salue ; souriez agréablement à qui vous sourit.

OVIDE.

Politesse, forme bienveillante du langage, douceur et grâce des manières, parure des mœurs, air de paraître toujours aimable.

DE LATENA.

Nous aimons mieux déplaire que de retenir quelques paroles indiscrètes, ou de parler avec bonté et politesse.

X.

L'esprit s'aiguise par la politesse, comme le rasoir s'affile par l'huile la plus douce.

La Politesse est le partage de la haute civilisation et le plus fort lien de la sociabilité.

ALIBERT.

La Politesse est la fleur de l'humanité. Qui n'est pas assez poli n'est pas assez humain.

JOUBERT.

La Politesse est à l'esprit
Ce que la grâce est au visage.
De la Bonté du cœur elle est la douce image,
Et c'est la Bonté qu'on chérit.

VOLTAIRE.

La Politesse est comme l'eau courante qui rend unis et lisses les plus durs cailloux.

MABIRE.

—◆—◆—

La Politesse est la seule de nos qualités qui ne nous fasse pas d'ennemis.

DE REMUSAT.

—◆—◆—

La Politesse est une sorte d'émoussoir qui enveloppe les aspérités de notre caractère et empêche que les autres n'en soient blessés.

JOUBERT.

—◆—◆—

La Politesse est un des plus grands biens de la Société, puisqu'elle contribue le plus à la paix ; elle est une préparation à la Charité et une invitation à l'Humilité.

—◆—◆—

La Politesse est l'art de concilier avec

agrément ce qu'on doit aux autres et ce qu'on se doit à soi-même.

DE LAMBERT.

La Politesse est une monnaie destinée à enrichir non point celui qui la reçoit, mais bien celui qui la dépense.

X.

La science des égards est la science de la Politesse et l'âme de la société; elle fait qu'on rend à chacun ce qui lui appartient.

LA ROCHEFOUCAULD.

La Politesse est la fleur de la Morale. Sa grâce l'embellit et la rend aimable.

GIOJA.

Les hommes ennemis, nés les uns des autres, ont imaginé la bienséance pour donner des lois à la guerre incessante qu'ils se font. Si les hommes ne se flattaient pas les uns les autres, il n'y aurait guère de Société.

VAUVENARGUES.

⁂

Si l'on n'est pas naturellement poli, il faut l'être, au moins, par convenance ou par intérêt.

On doit être poli chez soi, parce qu'on y exerce l'hospitalité; et poli chez les autres, parce qu'on l'y reçoit.

DE LATENA.

⁂

La Politesse est au fond ou la pratique réelle ou l'imitation de la plupart des vertus sociales.

On reproche à la Bonté de coûter cher; mais être poli, cela ne coûte rien.

ROZAN.

⁂

La Politesse n'inspire pas toujours la Bonté, l'Equité, la Complaisance, la Gratitude; elle en donne du moins les apparences et fait paraître l'homme au dehors comme il devrait être intérieurement.

Mme De Lambert.

Un jour, M. Dupin, invité à la Cour à une soirée officielle, se trouva obligé, pour sortir, de passer devant la princesse Amélie, alors d'un certain âge. M. Dupin, en guise d'excuse, lui adressa ce gracieux compliment : « Madame, vous qui ne passez pas, permettez que je passe. »

Le comte de Marivaux, lieutenant-général, homme un peu brutal et grossier, avait perdu un bras dans une action et se plaignait à Louis XIV, qui l'avait pourtant récompensé : « Je voudrais aussi avoir perdu l'autre, dit-il, et ne plus servir votre Majesté. » Le Prince se contenta de lui répondre : « J'en serais bien fâché pour vous et pour moi. »

PATIENCE

Sustine, Abstine.
Patience, Privations.
(Morale des STOICIENS).

Epictète a écrit un Manuel qui est, d'un bout à l'autre, une longue leçon de patience. La Patience, sous le nom de Résignation, a été élevée plus haut par le Christianisme qui en a fait une épreuve salutaire et un mérite aux yeux de Dieu.

« La Patience, dit saint Thomas, se compose de longanimité et de force. »

« La Patience, dit saint Paul, consomme la vertu. »

La Patience est une vertu obscure, mais

de première nécessité, et d'un usage si fréquent dans la vie, que, sans son aide, nous succomberions bientôt sous le poids des maux et des peines qui accompagnent l'humanité.

DUBAY.

La vie est comme l'Océan : il n'y a que les caractères bien lestés qui puissent la traverser en ligne droite.

ED. GRENIER.

Que peut-il y avoir qui mérite de troubler de notre paix ?

SAINT FRANÇOIS DE SALES.

Vous n'avez qu'un jour à passer sur la terre ; faites en sorte de le passer en paix.

LAMENNAIS.

Toute votre paix dans cette misérable

vie, consiste plus dans une souffrance humble que dans l'exemption de la souffrance.

IMITATION.

Il n'y a rien dans le monde qui puisse être comparé à la paix du cœur ; ne faisons rien pour la perdre.

SAINT FRANÇOIS DE SALES.

La Patience est l'art d'espérer.

VAUVENARGUES

Ne coupez pas ce que vous pouvez dénouer.

JOUBERT.

La Patience est la goutte d'eau qui creuse la pierre.

ROZAN.

On corrige plutôt les défauts des autres, en les souffrant avec patience qu'en les repoussant avec orgueil.

De la Sablière.

Si nous avons à souffrir, nous faisons souffrir nous-mêmes; dans la vie à deux, plus que partout ailleurs, il faut mettre en pratique cette maxime évangélique: « Portez les fardeaux les uns des autres. »

Monsabré.

La Patience est le port des misères humaines.

Avec de la Patience, le verjus devient doux.

Les hommes du meilleur commerce sont les plus patients.

Les plus patients dans le commerce de la vie sont les plus heureux.

Abbé de Saint-Pierre.

Les plus accommodants ce sont les plus habiles.

LAFONTAINE.

La Patience n'est pas autre chose qu'une énergie.

G. SAND.

Le temps est l'outil que l'homme reçoit pour faire son œuvre ; la Patience en est le manche.

HENRI MURGER.

Il faut être enclume ou marteau dans ce monde. Il faut que le cœur se brise ou se bronze.

CHAMFORT.

La Patience adoucit les maux qu'on ne saurait guérir.

HORACE.

L'oubli est le remède de l'injure.

SYRUS.

La Patience est un arbre dont la racine est amère et dont les fruits sont très doux.

(Maxime persane.)

Fais semblant de ne point t'apercevoir des embûches que te tend l'envie, la Patience la tuera; car lorsque le feu ne trouve plus rien à dévorer, il finit par se dévorer lui-même.

La Patience est la clef de la joie.

(Maxime arabe.)

Avec du temps et de la Patience, la feuille du mûrier devient de la soie.

X.

Patience et Longueur de temps, font plus que force ni que rage.

LAFONTAINE.

La Patience est la clef de toutes les portes et le remède à tous les maux.

(Maxime orientale.)

« Nous sommes pressés ? disait un prélat à son laquais qui précipitait ses mouvements en l'habillant.

« Eh bien ! habillez-moi doucement. »

Un athlète était en fureur pour un mot qu'on lui avait dit :

« Voyez cet homme, dit un passant ; il « porte un poids de mille livres et il ne sait « pas supporter une seule parole. »

SAADI.

Un soir d'hiver, comme ils cheminaient tous les deux par un froid très piquant, de Pérouse à Assise, saint François, tout en causant derrière son compagnon, lui apprit ce qu'il fallait entendre par la joie parfaite :

« Frère Léon, brebis du bon Dieu, sais-tu quelle est, pour les Frères-Mineurs, la joie parfaite? ce n'est pas d'édifier le monde par leur sainteté, de rendre la vue aux aveugles, de chasser les démons, de ressusciter les morts de quatre jours; ce n'est pas non plus de posséder toutes les langues, sciences et écritures, et de prophétiser, de connaître les étoiles, la vertu des plantes et des racines, de prêcher si bien qu'ils convertissent les infidèles. — Qu'est-ce donc, Père, dit Léon, que la joie parfaite? — Eh bien! quand nous serons à Sainte-Marie-des-Anges, trempés de pluie, percés de froid, couverts de boue, mourant de faim, nous frapperons à la porte; le portier viendra tout en colère, et dira: Qui êtes-vous? — Deux de vos Pères. — Ce n'est pas vrai, criera le portier; vous êtes deux ribauds, deux vagabonds qui volent l'aumône des pauvres. — Et il nous laissera dehors à la pluie et au froid, et nous penserons avec humilité que le portier nous connait bien. Et si nous continuons à frapper et qu'il nous chasse avec un bon bâton noueux, en criant: Allez-vous-en, méchants larrons;

allez à l'hôpital ; il n'y a ici pour vous, ni souper ni lit. S'il nous prend par nos capuchons, nous jette dans la neige et que nous supportions tout cela en pensant aux souffrances du bien-aimé Jésus, Frère Léon. Voilà vraiment la joie parfaite. »

GEBHART.

DOUCEUR

Térence appelle l'homme doux un être suave.

—

« On prend plus de mouches avec une once de miel qu'avec cent barils de vinaigre. »

SAINT FRANÇOIS-DE-SALES.

La Douceur est cette grâce du cœur qui centuple tous les mérites. Elle leur ajoute surtout, et l'on aurait tort de s'en étonner, une force invincible.

STAHL.

Rien de plus charmant que la douceur du fort : c'est le miel trouvé par Samson dans la gueule du lion.

G. M. VALTOUR.

Une marque de grand courage est la Douceur.

SAINT JEAN CHRYSOSTOME.

Il n'y a que les personnes qui ont de la fermeté qui puissent avoir une véritable Douceur ; celles qui paraissent douces n'ont d'ordinaire que de la Faiblesse, qui se convertit aisément en aigreur.

X...

Il n'y a rien de plus fort que la Douceur. C'est le roseau qui ne rompt pas, parce qu'il ploie, sans pour cela perdre un pouce de son terrain. La Douceur dans la raison est donc la vraie fermeté.

STAHL.

Les hommes qui ont la Douceur en partage sont supérieurs à tout ce qu'on peut leur dire et à tout ce qu'on peut leur faire.

SAINT THOMAS D'AQUIN.

Puisqu'on est destiné à vivre avec les hommes et à souffrir d'eux, on ne saurait trop s'appliquer à acquérir de la Douceur et de la Patience.

X.

La Douceur est une source de paix, un lien de perfection qui unit les cœurs.

SAINT VINCENT DE PAUL.

L'Impatience aigrit et aliène les cœurs ; la Douceur les ramène.

Mme DE MAINTENON.

L'esprit humain est d'une trempe à n'être amolli entièrement que par la Douceur.

SAINT FRANÇOIS DE SALES.

Les hommes d'un mauvais caractère ressemblent à un pot de terre, facile à casser, difficile à rejoindre; ceux d'un bon naturel sont comme un vase d'or, qui se rompt avec peine et qu'on raccommode aisément.

(Proverbe indien.)

Nous avons fait un pacte inviolable, ma langue et moi, et nous sommes convenus que, pendant que mon cœur serait dans l'émotion, ma langue ne dirait mot.

SAINT FRANÇOIS DE SALES.

Il n'est rien de plus amer que l'écorce de la noix quand elle est verte, et néanmoins il n'y a rien de plus doux et de meilleur pour l'estomac quand elle est confite : il en est ainsi de la réprimande.

La réprimande qui, de sa nature, est si âpre, cuite au feu de la Charité, et assaisonnée de la Douceur, devient aimable, délicieuse et très utile.

SAINT FRANÇOIS DE SALES.

Ce n'est point en disant miel, miel, que la Douceur vient à la bouche.

X...

⁂

Jetez une pierre dans la mer, celle-ci n'en éprouvera aucun trouble, une mare en sera tout agitée. Vous qui vous fâchez d'une injure à quoi ressemblez-vous ?

X...

⁂

L'homme qui rend le bien pour le mal ressemble à un arbre couvert de feuilles et de fruits qui donne de l'ombre et du fruit à ceux-là même qui lui jettent des pierres.

(Proverbe persan.)

⁂

Rien ne mate tant l'éléphant que la vue d'un agnelet, et rien ne rompt si aisément la force des canonnades que la laine.

SAINT FRANÇOIS DE SALES.

L'aumône du riz est sans contredit la plus estimée, mais la douceur de la parole la surpasse.

(Proverbe indien.

Le roi des abeilles fait plus de sujets avec son miel qu'il n'en ferait tout couvert d'aiguillons.

X...

Ma chère Philotée, disait saint François de Sales, il faut unir la prudence du serpent à la simplicité de la colombe, mais je donnerais vingt serpents pour une colombe.

Ne nous troublons donc point, allons tout doucement, nous supportant les uns les autres; gardons-nous, bien que notre cœur ne nous échappe.

Saint François de Sales.

Les connaissances rendent les hommes doux.

Montesquieu.

Un visage toujours serein possède un mystérieux et puissant attrait : les cœurs tristes s'y viennent réchauffer comme au soleil.

J. Roux.

—◆—·|·|·—◆—

La parole douce acquiert beaucoup d'amis et adoucit les ennemis.

X...

—◆—·|·|·—◆—

Heureux les doux parce qu'ils posséderont la terre.

(Béatitudes).

—◆—·|·|·—◆—

La disposition chagrine ou malveillante que l'on n'irrite pas, se calme d'elle-même, honteuse de se sentir inutile.

X...

—◆—·|·|·—◆—

Il est très agréable d'être un chêne et de braver les orages aussi longtemps qu'on est plus fort que les vents.

Mais le jour venu où ils vous brisent, est-ce que l'arbuste modeste qui leur a résisté doucement, sans cependant reculer devant eux, n'a pas été plus intelligemment fort que le chêne ?

STAHL.

Aux voleurs que le gardien d'un de ses couvents avait repoussés, saint François d'Assise envoie le pain et le vin destinés à son propre repas, avec des paroles de bonté si touchantes qu'ils courent se jeter à ses pieds et le prient de les prendre dans son Ordre.

GEBHART.

Saint François de Sales, la douceur personnifiée, fut un jour invité par un peintre de ses diocésains à poser quelques instants pour laisser faire son portrait. Après s'en être longtemps défendu par un sentiment d'humilité, il y consentit enfin dans l'espoir de procurer au peintre des bénéfices que celui-ci regardait comme assurés par la vente de nombreuses reproductions de ce portrait. Il se trouva que le Saint très peu attentif à cette opération, était mal reproduit. L'artiste revint, quelque temps après, lui demander de subir une nouvelle séance : « Ah! par exemple, c'est assez comme cela, dit-il. » Le peintre insiste en faisant entendre que le premier portrait, si mal réussi, sera vendu quand même, à défaut d'autre, et que sa réputation de peintre en souffrira.

« Allons, dit le saint, puisque votre avenir en dépend, je me remets sous le joug, mais faites vite. » Le peintre l'y ayant maintenu deux grosses heures, le saint évêque se laissa faire sans mot dire, mais suant à grosses gouttes. Comme le peintre le plaignait après l'opération, « Ah! mon ami, dit le saint, pour toute réprimande, cela me comptera pour le Ciel. »

BIENVEILLANCE

> « La Bienveillance, » dit Aristote, « est le principe de l'amitié. »
>
> « Elle en est aussi, » dit saint Thomas, « l'effet intérieur et le gage permanent. »

Il est une vertu la plus douce et la plus éclairée de toutes, un sentiment généreux plus actif que le devoir, plus universel que la Bienfaisance, plus obligeant que la Bonté, c'est la Bienveillance.

De Ségur.

Les bonnes paroles ont une vertu médicinale. Combien de fois, il a suffi de quelques mots bienveillants pour nous rendre heureux à un point inexplicable.

P. Faber.

Les méchants sont comme les mouches qui parcourent le corps d'un homme et ne s'arrêtent que sur ses plaies.

LA BRUYÈRE.

Tout ce qui effraie tremble, et le méchant n'est qu'un tyran de la société.

SÉNÈQUE.

L'Envie change les biens d'autrui en maux pour elle-même ; le méchant souffre toujours parce qu'il porte les chaînes pesantes de l'envie, de la haine et de la jalousie.

DE SÉGUR.

Le calomniateur n'est pas moins digne de réprobation et de mépris que le voleur, car celui-ci ne nous dérobe qu'une partie de notre Bien, tandis que celui-là nous enlève l'estime de nos semblables, sans laquelle tous les Biens de cette vie et la vie elle-même sont dépourvus de prix.

FRANCK.

Les calomniés sont comme les fruits : ils sont mordus, donc ils sont bons.

J. ROUX.

Toutes ces erreurs, tous ces penchants à la malveillance et à la méchanceté viennent, n'en doutons pas, du peu de soin que les hommes ont de se connaître eux-mêmes, et d'étudier ce qui peut faire leur bonheur réel ainsi que celui des autres.

DE SÉGUR.

L'Ingratitude accroît le mérite de la Bienveillance.

DE SÉGUR.

Les hommes ont une tendance naturelle à la Brutalité et à l'Egoïsme. S'ils ne la reprennent pas jusque dans leurs petites actions insignifiantes, il est impossible que la Paix et la Bienveillance se maintiennent parmi eux.

FRANZ WAEPKE.

Le méchant n'ignore pas qu'on déteste ses succès et qu'on applaudit à ses revers, il ne peut s'appuyer sur rien pour résister au malheur; le vide est autour de lui comme dans son cœur.

De Ségur.

La Peine suit toujours de près la Méchanceté; Hésiode croyait même qu'elle naissait avec elle, et ne la quittait jamais.

La Bienveillance ne nous a été donnée que pour nous en servir à l'égard de ceux qui n'en ont pas.

Marc Aurèle.

Le plus grand service que l'on puisse rendre à quelqu'un, c'est de lui montrer de la Bienveillance.

P. Faber.

La modeste et douce Bienveillance est non seulement une vertu, un devoir, un sentiment, un plaisir, elle est encore souvent une puissance qui donne plus d'amis que la richesse et plus de crédit que le pouvoir.

DE SÉGUR.

En voyant la joie de certaines personnes à déprécier notre réputation, on dirait que leur vertu s'engraisse de nos vices.

PETIT SENN.

La Bienveillance est un aimant qui attire l'estime, l'approbation et les suffrages de tout le monde.

X...

La Bienveillance est une des inspirations primitives de notre âme. Elle est nécessaire à l'existence, à l'harmonie du corps social. Sans la Bienveillance, le monde ne saurait être gouverné, et les hommes se heurteraient sans cesse de tout le poids de leur égoïsme et de leur personnalité.

CARO.

La plus belle règle de conduite qui existe est celle d'une immense et universelle bienveillance pour la nature humaine.

C'était le rêve de Sénèque;
C'est l'idéal réalisé par le Christianisme.

X...

La Bienveillance, vertu aimable qui adoucit tous les contacts, prédispose à la sympathie, nous achemine vers la Bienfaisance. Bien vouloir, c'est être prêt à bien faire.

Mgr de Nesmond, archevêque de Toulouse, haranguant Louis XIV, la mémoire lui manqua; le roi lui dit avec bonté: « Je suis bien aise, Monsieur, que vous me donniez le temps de goûter les belles choses que vous me dites. »

M. Dupuytren, le célèbre chirurgien, reçut un jour la visite d'un pauvre curé de campagne qui venait lui demander pour un mal à la tête les secours de son art et spécialement l'opération du trépan. Dupuytren le reçut d'abord assez froidement, et enfin, cédant à la bonté de son cœur, il consentit à le soigner; le succès couronna l'opération : le vénérable ecclésiastique recouvra sa santé première. Quelques jours après, il revenait, avec un panier, apporter lui-même, à l'illustre chirurgien, des produits de sa basse-cour. Dupuytren le reçut avec bonté et se montra même reconnaissant.

A quelque temps de là, le célèbre chirurgien était sur un lit de douleur, prêt à rendre l'âme. Or, c'est au même vénérable prêtre qu'il devait la grâce du dernier pardon.

AMITIÉ

« Qui a trouvé un ami a trouvé un trésor. »

(L'ECCLÉSIASTIQUE.)

L'amitié vraie a cinq caractères : 1° elle veut le salut de son ami ; 2° elle lui veut toutes sortes de biens ; 3° elle travaille à réaliser ce vœu ; 4° elle désire vivre avec lui et jouir de lui ; 5° elle va jusqu'à partager ses goûts.

SAINT THOMAS D'AQUIN.

L'Amitié est une des formes les plus aimables de la Bonté.

CHAUMON.

L'Amitié est une bienveillance réciproque

qui rend deux êtres également soigneux du Bonheur l'un de l'autre.

PLATON.

L'Amitié est comme une âme en deux corps.

ARISTOTE.

La Pauvreté devrait être le plus faible des maux, puisqu'elle peut être, à l'instant, soulagée par un ami.

MÉNANDRE.

L'Amitié n'est autre chose qu'un parfait accord sur toutes les choses divines et humaines, joint à un sentiment mutuel de bienveillance et d'affection.

CICÉRON.

C'est ôter le soleil de l'univers qu'ôter de la vie l'Amitié, ce don le meilleur et le plus doux que nous aient fait les Dieux immortels.

CICÉRON.

Le seul moyen de se faire aimer est de se rendre aimable.

OVIDE.

S'il y en a un parmi vous qui se plaigne de n'être pas aimé, qu'il aime le premier; l'amour produit l'amour.

LACORDAIRE.

La meilleure parenté est celle du cœur.

SYRUS.

Il vaut mieux être seul que d'être dans la compagnie des méchants.

(Maxime orientale).

Les vrais amis font toute la douceur et toute l'amertume de la vie.

FÉNELON.

Combien aiment Dieu si fort, si fort, qu'ils n'en peuvent aimer le prochain.

J. ROUX.

La plus belle occasion offerte aux hommes d'exercer leur Bonté, c'est l'Amitié.

ROZAN.

Sur le chemin de l'Amitié, il ne faut pas que l'herbe croisse.

La confiance compose l'air respirable de l'Amitié. L'Amitié dépérit à mesure que cet air diminue.

X...

Ni tous ceux qui nous font du bien ne

nous aiment, ni tous ceux qui font du mal ne nous haïssent.

J. Roux.

La nature fait les parents, le moment fait les connaissances, le temps fait les amis.

X...

Les amis sont rares par la bonne raison que les hommes ne sont pas communs.

J. Roux.

Quand deux s'aimeront et qu'on aura vu la joie dans leurs cœurs, un troisième viendra qui désirera être aimé aussi en donnant son amour; ensuite un quatrième : « Aimez-vous les uns les autres », c'est la semence de l'Amitié sur la terre.

Lacordaire.

Les Amis, — une famille dont on a choisi les membres.

A. Karr.

L'Amitié est le ciment de la vie humaine.

L'Amitié est ennemie mortelle de l'oubli, d'où les anciens, quand ils la dépeignaient, lui mettaient pour devise sur ses habits : *Æstas et hyems, procul et propé, mors et vita* (l'été et l'hiver, près et loin, la vie et la mort) ; comme si elle n'oubliait ni en prospérité, ni en adversité, ni près, ni loin, ni en la vie, ni en la mort.

SAINT FRANÇOIS DE SALLES.

—•—

MONTAIGNE ET LA BOÉTIE

Nous nous embrassions par nos noms, et dès notre première rencontre, qui fut par hasard en une grande fête et compagnie de ville, nous nous trouvâmes si près, si connus, si obligés entre nous, que rien dès lors ne nous fut si proche que l'un à l'autre.

Si on me presse de dire pourquoi je l'aimais, je dirai que cela ne se peut exprimer qu'en répondant : « Parce que c'était lui, parce que c'était moi. »

MONTAIGNE.

—•—

JUSTICE

> « *Suum cuique.* »
> Le caractère de cette vertu est exprimé dans ces paroles de l'Évangile : « Ne faites pas à autrui ce que vous ne voudriez pas qu'on vous fît. »

Ne désirez pas ce que vous ne devez pas désirer. — (Meng-Tsen.)

Ce qu'on ne désire pas qui nous soit fait, il ne faut pas le faire aux autres. — (Meng-Tsen.)

(Livre religieux des Chinois.)

On entend par justice, la vertu morale qui fait que l'on respecte les droits de chacun. Elle est désignée par les jurisconsultes romains : « *Constans et perpetua voluntas suum cuique tribuendi.* » « Toujours et partout rendre résolûment à chacun ce qui lui est dû. »

La justice n'est pas autre chose que l'amour même du genre humain rendant à chacun ce qui lui est dû et unissant entre eux tous les hommes par le double lien de la libéralité et de l'équité.

CICÉRON.

Il est facile d'être généreux quelquefois, même souvent, mais d'être juste toujours et pour tous, qui peut en répondre?

X...

La charité n'est un devoir que parce qu'elle est recommandée par la justice et conforme à elle. La charité est donc un perfectionnement de la justice, « une justice plus parfaite. » Une charité qui prétendrait remplacer la justice ne serait donc pas la charité.

(Conseil des études de l'œuvre des Cercles.)

Tu veux qu'on te rende justice; sois juste.

MENANDRE.

Les lois sociales sont comme les vêtements : elles gênent, mais elles défendent.

X...

Partout et dans tous les temps, les lois se multiplient à mesure que les mœurs se dépravent.

DE SÉGUR.

La multitude des lois est dans un état ce qu'est le grand nombre de médecins, signe de maladie et de faiblesse.

VOLTAIRE.

Lorsque la masse est corrompue dans un état, les lois sont à peu près inutiles sans le despotisme (1).

NAPOLÉON.

(1) Il faudrait dire : « Sans une police sévère. »

Quid prosunt leges sine moribus?

Que peuvent les lois sans les bonnes mœurs?

HORACE.

Qu'il est doux de vivre dans un pays où les lois nous mettent à couvert de la volonté des hommes.

SAINT EVREMONT.

Nous aimons beaucoup la justice et peu les justes.

J. ROUX.

Où il n'y a point de justice, il n'y a point de Droit.

CICÉRON.

On déshonore la justice quand on n'y joint pas la douceur, les égards et la condescendance.

FÉNELON.

L'homme n'existe qu'à la condition d'être juste, c'est-à-dire de ne pas faire à autrui ce qu'il ne voudrait pas qu'il lui fût fait. Telle est la loi de l'humanité, loi sans laquelle la société, l'homme même, ne se peuvent concevoir. Mais l'homme ne s'arrête pas à ces inspirations de justice étroite.

Le spectacle affligeant des douleurs de son semblable, l'émeut, l'attache; et il s'identifie avec une douleur qui n'est pas la sienne, et on le voit au même instant secourir le pauvre et l'affligé, les consoler avec amour, faire aux autres, en un mot, au nom de la justice et de l'humanité, ce qu'il voudrait qu'il lui fût fait.

COQ.

La justice est le frein de l'humanité, la charité en est l'aiguillon. Otez l'une ou l'autre, l'homme s'arrête ou se précipite. Conduit par la charité, appuyé sur la justice, il marche à sa destinée d'un pas réglé et soutenu.

COUSIN.

Le juste est l'image de Dieu sur la terre.

X...

—◆—|—|—◆—

La justice ne se borne pas à prescrire, elle exige ; il faut que je lui obéisse même au prix de ma vie, parce que tout acte de désobéissance envers elle me rend coupable.

La charité n'exige pas ; elle prescrit seulement ; elle nous laisse, dans la plus haute et la plus noble acception du mot, l'usage de notre liberté !

Ne rien faire qui soit contraire aux règles et à la justice, c'est s'acquitter d'une dette. Se conformer aux principes de la charité, c'est accomplir un acte de dévouement et un sacrifice.

FRANCK.

—◆—|—|—◆—

Il n'y a point d'utilité assez forte pour permettre une injustice.

G. BRUNO.

—◆—|—|—◆—

Le juste est le seul de tous les hommes qui vive sans trouble et sans désordre.

L'injuste, au contraire, est toujours dans l'agitation.

EPICURE.

—•—·|·|·—•—

Il y a deux choses auxquelles il faut se faire, sous peine de trouver la vie insupportable, les injures du temps, les injustices des hommes.

CHAMFORT.

—•—·|·|·—•—

La punition est boîteuse, mais elle arrive.

HORACE.

—•—·|·|·—•—

Ce n'est, ni la multitude, ni le petit nombre des affaires qui rendent la vie des hommes inquiète ou tranquille; mais le plus ou moins d'honnêteté des choses qui les occupent.

PLUTARQUE.

—•—·|·|·—•—

Il y a dans Gœthe une ode magnifique où le Poète compare la nature soumise aux lois nécessaires, à l'homme guidé par les lois morales. Le soleil luit indifféremment sur le méchant et sur l'homme de bien, et la tempête renverse les moissons du juste comme celles du coupable. Ainsi qu'une mère aveugle, la nature nourrit et frappe l'un et l'autre, également et au hasard. Le noble cœur de l'homme seul comprend la justice, renverse cette *égalité inégale,* et donne à chacun selon ses œuvres.

TAINE.

On lit dans un journal anarchiste : *Le Cri du Peuple,* du 6 mars 1887, sous la signature de Félix Pyat :

« Le baromètre descend et se fixe à la tempête... » (suit l'énumération de plusieurs meurtres, tels que celui de M. Watrin, Stilment, etc...) ; puis, Félix Pyat ajoute : « Le crime comporte sa peine, et l'oppression fait l'insurrection. Avis à tous les criminels du capital. »

A cette justice du revolver, opposons celle du vrai patriotisme.

« Nous aussi nous avons l'enthousiasme

de la justice, dit M. de Mun, nous aussi nous ne voulons ni l'esclavage, ni la misère, ni l'excès de pouvoir, ni l'iniquité des privilèges... Mais ce n'est pas l'incrédulité qui enfantera la justice ; la justice est dans la parole de Jésus-Christ...., je sais, ô peuple le secret de ton salut. C'est mon Dieu et le tien qui me l'a révélé ; viens, mets ta main dans la mienne, et retournons ensemble à sa loi méconnue. »

«Madame, rappelez-vous,» disait Fouché, duc d'Otrante, à Mme Récamier, « qu'il faut être doux quand on est faible,» — et « qu'il faut être juste quand on est fort, » répondit-elle.

BIENFAISANCE

> « Qui n'a su donner, n'a jamais joui. »
> « *Beatius est magis dare, quàm accipere.* »
> Il est bien plus doux de donner que de recevoir. SAINT PAUL.

Cette vertu dans le monde s'appelle philanthropie. La Religion l'appelle la charité en action, selon le langage de saint Thomas, qui en fait la preuve sensible de l'Amitié : « Non est virtus specialis sed actus exterior amicitiæ. »

La Bienfaisance est un arbre du Paradis dont une branche pend jusqu'à terre.

(Maxime arabe).

Que j'écoute l'homme qui porte le faix

du service militaire, le magistrat appliqué aux fonctions de la justice, le professeur démêlant dans l'âme du jeune homme le secret de ses penchants, l'homme politique étudiant de près les grands ressorts du monde; que j'écoute enfin la voix de la société par tous les pores d'où elle s'échappe, je n'entends qu'un mot tomber dans mon oreille: l'égoïsme. Le froid et le vide se font dans l'humanité. Eh bien!... puisque le monde parle et veut de la fraternité, puisque tous les jours il s'ingénue à en faire, voilà un terrain commun où nous nous rencontrons avec lui. Profitons-en. Entre lui et nous, c'est à qui répandra le plus d'amour véritable, à qui donnera le plus, en recevant moins.

LACORDAIRE.

Donne du pain à un chien, dût-il te mordre.

(Poète indien.)

Tout ce que tu donnes, tu l'emportes avec toi.

Reprocher un Bienfait, c'est imiter les usuriers.

SENÈQUE.

◆·|·|·◆

Une bonne action est une pensée de Dieu réalisée par les hommes.

(Pensée chinoise.)

◆·|·|·◆

Relève le cheval de ton ennemi mortel, qui est tombé sur la route.

Rien ne rafraîchit le sang comme de faire une bonne action.

Comme la terre supporte ceux qui la foulent aux pieds, de même nous devons rendre le Bien pour le Mal.

(Poète indien.)

◆·|·|·◆

Il n'existe au monde de louable excès que celui de la reconnaissance; celui-là ne peut vous égarer, si cette pensée de Vauvenargues est juste, « on ne peut être dupe d'aucune vertu. »

DE SÉGUR.

La Bienfaisance est fille de la Bonté.

DE SÉGUR.

Joindre les mains, c'est bien; mais les ouvrir, c'est mieux.

L. RATISBONNE.

L'homme qui pardonne à son ennemi en lui faisant du Bien, ressemble à l'encens qui parfume le feu qui le consume.

(Poète indien.)

La Bienfaisance est le Bonheur de la vertu; il n'y en a point de plus grand sur la terre.

BERNARDIN DE SAINT-PIERRE.

La reconnaissance est la mémoire du cœur.

Le corps se soutient par les aliments et l'âme par les bonnes actions.

CONFUCIUS.

—•—

L'avare ne fait du Bien que quand il meurt.

X...

—•—

La crainte de l'ingratitude est un prétexte de l'Egoïsme; car le service pour lequel on exige de la reconnaissance, n'est plus un Bienfait. C'est un échange.

DE LATENA.

—•—

L'Egoïsme est le premier et le plus opiniâtre de nos maux; c'est la maladie des vieux peuples.

DE SÉGUR.

—•—

Pour tout homme, si peu qu'il ait de

cœur, le malheureux qui l'implore, l'étranger est un frère.

HOMÈRE.

⁂

On sait combien les services ont besoin de se faire pardonner.

ROZAN.

⁂

Si vous ne rendez service qu'à titre de reconnaissance, quel grand mérite avez-vous ? Les méchants eux-mêmes s'attachent à qui les aime.

(Saint Evangile.)

⁂

Personne n'est plus dévoué qu'un cicerone italien, quand vous l'invitez à vous conduire : quelle différence d'attitude, quand vous le congédiez et que votre générosité n'a pas répondu à son attente !

Combien de ciceroni parmi ceux qui nous obligent !

X...

⁂

Obligez, obligez toujours, selon vos moyens et, à défaut de mieux, refusez toujours avec grâce.

X...

On a souvent besoin d'un plus petit que soi.

LAFONTAINE.

Le jeune Andréas, chrétien des premiers siècles, entendant un jour, dans une forêt, les cris plaintifs d'un lion, s'approcha naïvement de lui, et, oubliant le danger pour ne suivre que l'élan de son cœur, il retira, de sa main délicate, une épine profondément enfoncée dans la patte de l'animal. Quelle douce surprise, plus tard, pour Andréas, lorsque, exposé aux bêtes dans l'amphithéâtre, il vit se coucher à ses pieds la bête féroce choisie pour le dévorer ! C'était le lion dont il avait été le bienfaiteur.

Quel est le pauvre assez dénaturé pour ne pas être sensible aux bienfaits du riche ?

Il n'est pas de révolution sociale possible en bas, si la bienfaisance, comme une manne quotidienne, ne cesse de tomber d'en haut.

Urbino était le domestique de Michel-Ange. C'était pour l'artiste plus qu'un serviteur, c'était un ami de tous les jours et de tous les instants. Le peintre lui fit un jour cette brusque question : « Si je venais à mourir, que ferais-tu ? — Je serais obligé de servir un autre maître. — Oh ! mon pauvre Urbino, je veux t'empêcher d'être malheureux. »

Et il lui donna à l'instant mille écus.

CHARITÉ

« Dieu est charité. »
SAINT PAUL.

Il est un sentiment que le cœur de l'homme recéla longtemps sans le connaître, que le Christianisme alla découvrir et éveiller dans ses retraites profondes et qu'il développa tout à coup aux applaudissements de la terre étonnée; sentiment sublime, qui a prêté à l'humanité un appui qu'elle n'avait pas soupçonné jusqu'alors, a déterminé des rapports tout nouveaux entre les hommes, leur a révélé le plus beau privilège de leur nature et a changé la face du monde.

Ce sentiment est la Charité, l'amour de l'homme pour ses semblables. Le Christianisme comprit qu'il ne suffisait pas de convaincre les hommes de travailler au bien de leurs semblables; il ne se contenta pas de leur prescrire la Bienfaisance, il leur persuada de s'aimer.

PAFFE.

La Charité, c'est tout le Christianisme.

BOSSUET.

La Charité, prise dans son sens le plus général, est le don de soi.

L'homme peut se donner en tant qu'il est intelligence, en tant qu'il est sentiment, en tant qu'il est vie extérieure, et, par conséquent, la Charité embrasse le don de soi sous ce triple point de vue : Charité d'Apostolat, Charité de la Fraternité, Charité de la Bienfaisance matérielle.

Mais la Charité n'est pas le don de soi à ses amis, à ses parents, à ses concitoyens; elle est le don de soi aux étrangers et aux ennemis, à tous sans distinction.

LACORDAIRE.

« Dieu est amour, » nous disent les livres saints. Image de Dieu, l'homme est amour aussi, ou, du moins, il devrait l'être. Ainsi le veut son auteur et son modèle. Comme il nous a aimés, Dieu commande que nous nous aimions les uns les autres : mais, hélas ! fut-il jamais loi plus méconnue, et l'histoire de l'humanité est-elle autre chose que l'histoire de ses divisions et de ses querelles ?

Toutefois, la haine ici-bas ne prescrit point contre l'amour : Dieu ne le permet pas. De loin en loin, sur les flots toujours agités des générations humaines, il place des hommes, images plus parfaites de lui-même, expression plus frappante de sa bonté, types augustes..... Il met sur leur front une paix sérieuse, sur leur visage une douceur céleste, une parole persuasive sur leurs lèvres, puis il les montre à l'humanité, à l'humanité que divise la haine et qu'arme la vengeance.

GAUSSENS.

L'union que font naître la justice et la charité, voilà l'organisation sociale que les chrétiens ont le devoir d'étabir pour ne plus former qu'un seul corps uni à une seule tête qui est le Christ lui-même.

(L'Association Catholique.)

La société, dit Disraeli, dans un de ses romans sociaux qui porte le titre de *Sybille,* n'existe plus dans notre pays. Le seul type que nous ayons eu, a disparu avec les monastères. Il y a maintenant agrégation et, encore, dans des conditions qui en font plutôt une source de dissolution qu'un principe d'unité.

L'individualisme est absolument contraire à la doctrine chrétienne, perfectionnement sublime de l'ordre naturel.

Sous les noms spécieux de Liberté du travail, Liberté de la propriété, Liberté du crédit, c'est le *Bellum omnium in omnes,* traduit par l'odieuse expression de : « La lutte pour l'existence. »

X.

Un des grands torts de la Révolution, c'est d'avoir détruit l'état de dépendance réciproque, ou, en d'autres termes, la *solidarité* qui, dans toute société prospère, unit les individus, les familles et les classes.

LE PLAY.

Depuis bientôt cent ans, la France cherche vainement, dans la révolte, une réforme nécessaire. Les partisans de la religion et de la monarchie vantent, avec bruit et avec zèle, l'excellence de ces deux institutions, mais ils sont peu écoutés et soulèvent la méfiance. Quel est donc le remède ?

Les peuples divisés par l'erreur, et frappés par cela même de grandes catastrophes, n'ont rien de mieux à faire que de se rallier d'abord sous la loi suprême de l'*Humanité*... Ils s'entendront bientôt sur le choix des institutions qui remettront le mieux en honneur les dix commandements de Dieu.

LE PLAY.

Ne fais de tort à personne, et fais du Bien à tous les hommes par cela seul qu'ils sont hommes.

CICÉRON.

Un homme charitable est comme un port ouvert aux infortunés ; il doit tous les accueillir. Le rivage reçoit également tous les naufragés, et les sauve de la tempête, bons ou méchants, quels que soient leurs fautes ou leur péril. Vous devez faire de même pour les naufragés de la Fortune, qui, sur sa terre, sont battus par le Malheur. Sans les juger avec rigueur, ni rechercher exactement leur vie, occupez-vous de soulager leur affliction. Pourquoi vous donner les soins d'une surveillance inutile ? Dieu vous en décharge. Il ne vous commande que la Charité.

SAINT JEAN CHRYSOSTÔME.

L'aumône est le sel des richesses ; sans ce préservatif, elles se corrompent.

Le Cœur doit faire la Charité, quand la main ne le peut.

Sans la Charité, la vertu n'est qu'un nom.

NEWTON.

—◆—⁞⁞—◆—

La main du Pauvre est la bourse de Dieu.

Qui prévient les besoins prévient aussi les crimes.

DELILLE.

—◆—⁞⁞—◆—

Donner du travail, c'est plus, c'est mieux que de donner de l'argent; c'est la meilleure des charités pour ceux qui la font et pour ceux qui la reçoivent.

X.

—◆—⁞⁞—◆—

Si la Charité n'était que pour les personnes qui nous plaisent, ou pour les moments auxquels nous nous sentons naturellement portés à être aimables, elle serait sans aucun mérite.

DE CHEVERUS.

—◆—⁞⁞—◆—

Le grand caractère de la loi chrétienne est de ramener l'Egalité Sociale par la Charité religieuse.

VILLEMAIN.

L'Eglise est la mère, l'amie, la protectrice du peuple. Comme notre divin Seigneur vivait parmi les gens du peuple, ainsi vit son Eglise.

CARD. MANNING.

Dieu nous a fait assez nombreux pour nous secourir les uns les autres.

J. SIMON.

L'homme charitable en paroles a quelque chose de joyeux, et la bonne humeur est un pouvoir. Rien ne remet toutes choses dans l'ordre et dans la paix comme cela.

P. FABER.

Sœurs de Charité, humbles fleurs dont

les émanations bienfaisantes et salutaires conservent la vie à tout ce qui les entoure.

Si le riche qui souffre ne trouve pas de consolation, c'est qu'il néglige l'endroit où elles se cachent ; la mansarde du pauvre.

V. Dessiaux.

—◆—

Au moment d'une offense, se contenir, ne prendre la parole que lorsqu'on est maître de soi, et ne rien dire ensuite de contraire à la Charité.

X.

—◆—

Tu supportes des injustices ; console-toi : le vrai malheur, c'est d'en faire.

X.

—◆—

On ne jette des pierres qu'aux arbres chargés de fruits d'or.

(Proverbe arabe.)

—◆—

Il y a dans la Sainteté un phénomène d'extravagance, un amour de Dieu et des hommes qui blesse le sens humain, mais l'extravagance qui n'est qu'apparente, est corrigée par le sublime, c'est-à-dire par la beauté morale à son plus haut degré. Mieux que cela, l'extravagant et le sublime, ce qui blesse le sens humain et ce qui le ravit, mêlés et fondus l'un avec l'autre, ne font de la sainteté qu'un seul tissu, où il est impossible à l'esprit d'analyse le plus vif, au moment où il voit le saint agir, de démêler ce qui est extravagant de ce qui est sublime, ce qui est sublime de ce qui est extravagant, ce qui terrasse l'homme de ce qui l'enlève jusqu'à Dieu. Voilà la Sainteté.

LACORDAIRE

Un vendredi saint, à Compiègne, saint Louis aperçut de l'autre côté d'une mare bourbeuse un lépreux qui n'osait s'approcher et qui essayait pourtant d'attirer l'attention du roi pour en être secouru. Saint Louis traverse la mare, va au lépreux, lui donne de l'argent; voilà l'acte de Bienfaisance et de Bonté d'un roi. Est-ce tout? Non, saint Louis lui prend la main et la lui baise... PAUL ROUSSELOT.

—•—I·I—•—

Sainte Elisabeth de Hongrie, ayant abandonné le palais de ses pères et celui de son époux, s'était confinée dans un hôpital pour y servir de ses mains les pauvres de Dieu. Un lépreux s'y présenta. Sainte Elisabeth le reçut et se mit à laver elle-même ses effroyables plaies. Quand elle eut fini, elle prit le vase où elle avait exprimé ce que la parole humaine ne peut pas même peindre, et l'avala d'un trait.

Sainte Elisabeth, en avalant l'eau du lépreux, avait fait un grand acte, parce qu'elle avait fait un acte fort. Mais il y avait là mieux que la force, il y avait la Charité, c'est-à-dire l'amour de Dieu inspirant celui de l'homme.

Grâce à sainte Elisabeth, pendant toute l'éternité, il sera connu qu'un lépreux a obtenu d'une fille des rois plus d'amour que la Beauté n'en a jamais conquis sur la terre. LACORDAIRE.

—•—I·I—•—

PATRIOTISME

Pro aris et focis. « Dieu et Patrie. »
Rien ne résiste à ce cri parti du cœur.

C'est une grande gloire pour nos vieilles communes de France d'avoir trouvé, les premières, le vrai nom de la Patrie. Dans leur simplicité pleine de sens et de profondeur, elles l'appelaient l'*Amitié*.

La Patrie, c'est en effet, la grande amitié qui contient toutes les autres. J'aime la France, parce qu'elle est la France, et aussi parce que c'est le Pays de ceux que j'aime et que j'ai aimés.

MICHELET.

L'homme prend racine sur toute terre, même la plus ingrate, et il n'est pas de lieu si désolé qui ne retienne, par des attaches mystérieuses, quelques familles à ses flancs.

J. DUVAL.

Dieu prend soin du Monde, à nous de prendre soin de la Patrie.

BACON.

La fumée du Pays est meilleure que le feu de l'Etranger.

C'est lorsque nous sommes éloignés de notre Pays, que nous sentons surtout l'instinct qui nous y attache.

CHATEAUBRIAND.

Ulysse aima mieux revoir sa chère Ithaque, que de devenir immortel.

CICERON.

Chacun se fait une patrie de son parti;

il se croit un héros en lui sacrifiant la véritable Patrie.

MONTESQUIEU.

Il n'y a de bon patriote que l'homme vertueux, que l'homme qui comprend et qui aime tous ses devoirs, et qui se fait une étude de les accomplir.

Il ne se confond jamais avec l'adulateur des puissants, ni avec celui qui hait malignement toute autorité: être servile et irrévérencieux sont deux excès semblables.

SILVIO PELLICO.

La Patrie, au sein de laquelle se fondent les familles diverses, doit être dans votre amour, au-dessus de chacune d'elles; sans quoi, vous rompez le lien qui les unit toutes, vous subordonnez le corps entier à l'un de ses membres, vous détruisez, autant qu'il est en vous la *Société*, en la ramenant sous l'influence de l'égoïsme, qui en ébranle la base.

LAMENNAIS.

Quand il s'agit de servir la Patrie, toutes nos inimitiés doivent cesser, et toutes nos affections doivent se taire : l'homme s'efface; il ne reste que le citoyen.

X.

La Révolution Française, en s'attaquant aux désordres des règnes antérieurs, et, du même coup, à tout l'ordre ancien, a dû faire appel à la passion plus encore qu'à la vérité.

Il s'agit de purger le corps social de ces restes de levain irritant. Il s'agit de renoncer à quelques-unes des idées qui, mises en avant dans la lutte, n'étaient que des armes de guerre.

SAINTE-BEUVE.

Il est du devoir de tout catholique digne de ce nom, de travailler à ce que la liberté ne dépasse pas la limite posée par la loi naturelle et divine.

(*Encyclique* Immortale Dei.)

Il faut prendre garde de se laisser tromper par la spécieuse honnêteté des *soi-disant* libertés modernes et se rappeler de quelles sources elles émanent et par quel esprit elles se propagent et se soutiennent. L'expérience a déjà fait suffisamment connaître les résultats qu'elles ont eus pour la Société et combien les fruits qu'elles ont portés inspirent à bon droit de regrets aux hommes honnêtes et sages.

(Idem.)

Ce que le peuple désire avant tout, c'est la sécurité. Ce bien lui a été enlevé, en France, par Turgot et les autres précurseurs de la Révolution (1). Or, il est un ré-

(1) Les ouvriers parisiens, inquiets de l'isolement où ils se trouvaient depuis l'abrogation des anciennes corporations d'arts et métiers, réclamèrent en effet, dès 1791, le droit de se réunir dans un but d'assistance mutuelle, en cas de chômage ou de maladie. L'Assemblée nationale refusa de leur reconnaître ce droit; et elle chargea le député Chapelier de leur adresser la réponse suivante : « Il ne doit pas être permis aux citoyens de s'assembler pour leurs prétendus intérêts communs. C'est à la nation, c'est aux officiers publics, en son nom, à fournir des travaux à ceux qui en ont besoin et des secours aux infirmes. »

C'est presque, mot pour mot, le texte de la loi prohibitive de juin 1791, si heureusement abolie par celle du 21 mars 1884.

gime qui délivrerait les masses du joug de la servitude du travail, qui serait le rétablissement de la Paix sociale, le triomphe de la Justice, l'unité de tous dans la Charité, si désirée par Jésus-Christ, c'est un régime *corporatif chrétien* qui dominerait la famille, l'atelier, la commune, tous les corps et toutes les classes de la société.

(L'Association Catholique.)

Nous ne sommes pas nés seulement pour nous-mêmes, mais encore pour notre Patrie, nos parents, nos amis et nos semblables.

PLATON.

Le plus beau, le plus moral des instincts, c'est l'amour de la Patrie. La Providence a, pour ainsi dire, attaché les pieds de chaque homme à son sol natal par un aimant invincible.

CHATEAUBRIAND.

Nous ne sommes pas nés pour nous, mais pour la Patrie.

CICERON.

Nous aimons la terre sur laquelle nous sommes nés, à laquelle se rattachent nos premières affections et nos premiers souvenirs, où nous avons été élevés, soutenus, protégés pendant notre enfance, comme nous aimons notre mère et notre nourrice.

FRANCK.

Le pays natal a je ne sais quel charme qui nous rappelle sans cesse, et ne permet pas de l'oublier

OVIDE.

La Société humaine demande qu'on aime la terre où l'on habite ensemble; on la regarde comme une mère et une nourrice commune, on s'y attache et cela unit. C'est ce que les Latins appellent *Caritas patrii soli*, « L'amour de la Patrie, » et ils la regardent comme un lien entre les hommes.

BOSSUET.

O Bien qu'aucun Bien ne peut rendre
O Patrie, ô doux nom que l'exil fait comprendre.

DELAVIGNE.

Ce qui constitue la Patrie, c'est la communauté d'idées, d'intérêts, d'affections ; le libre accord des volontés ou la fraternité des âmes ; c'est ce fluide mystérieux et invincible qui circule d'un bout de pays à l'autre, électrisant cet être collectif qu'on appelle un peuple ; faisant qu'on aime et qu'on hait les mêmes choses ; qu'à certaines heures on pousse le même cri et on entonne le même chant.

LENIENT.

Souvenez-vous sans cesse que la Patrie a des droits imprescriptibles et sacrés sur vos talents, sur vos vertus, sur vos sentiments, et sur toutes vos actions ; qu'en quelque état que vous vous trouviez, vous n'êtes que des soldats en faction, toujours obligés de veiller pour elle, et de voler à son secours au moindre danger.

BARTHÉLEMY.

Une fille a sauvé la France, et ce n'est ni par un assassinat, ni par une trahison, mais par un courage intrépide qui l'accompagna dans plusieurs batailles, et la suivit jusque sur le bûcher. On eût vu à Rome, sous les Empereurs, sa statue soutenant le trône; on l'eût vue, sous les Consuls, au Capitole, au-dessus de celle de Manlius, Athènes l'eût placée sur ses autels à côté de celle de Jupiter; Sparte n'eût adoré qu'elle; la Grèce l'eût élevée aux jeux olympiques, et l'infortunée Jeanne d'Arc, plus révérée que Pallas, fût devenue la divinité d'une patrie dont elle aurait été, à la fois, la libératrice et la victime.

BERNARDIN DE SAINT-PIERRE.

Bordeaux. — Imp. Favraud.

www.ingramcontent.com/pod-product-compliance
Lightning Source LLC
LaVergne TN
LVHW020410230826
846091LV00004B/1220

* 9 7 8 2 0 1 1 9 4 5 6 3 1 *